BARRILLOT

UN
PORTRAIT DE MAITRE

COMÉDIE EN UN ACTE ET EN VERS

Représentée pour la première fois à Paris, sur le théâtre de l'Odéon,
le 1er septembre 1859

Prix : 1 franc

PARIS
LIBRAIRIE NOUVELLE
BOULEVARD DES ITALIENS, 15

A. BOURDILLIAT ET Cie, ÉDITEURS

1859

UN
PORTRAIT DE MAITRE

COMEDIE EN UN ACTE ET EN VERS

PAR

BARRILLOT

Représentée pour la première fois à Paris, sur le théâtre de l'Odéon,
le 1ᵉʳ septembre 1859.

PARIS
LIBRAIRIE NOUVELLE
BOULEVARD DES ITALIENS, 15
—
A. BOURDILLIAT ET Cⁱᵉ, ÉDITEURS
—

—
1859

Paris. — Imp. de la Librairie Nouvelle, A. Bourdillat, 15, rue Bréda.

HOMMAGE

A

MM. CHARLES DE LA ROUNAT ET TISSERANT

Messieurs,

Votre bienveillance m'a ouvert les portes du second Théâtre-Français; c'est plus que je n'espérais : vous n'avez pas semé dans un terrain ingrat, merci.

Un Portrait de maître est une de mes bluettes qui dormait depuis huit ans parmi mes paperasses; si elle a obtenu du succès, je n'en revendique point ma part, il revient tout entier à vous, Messieurs, et aux artistes qui ont interprété cette petite comédie avec un rare talent. A MM. Guichard, Demarsy, Mlles Mosé, Méa, Bertin, merci.

Et maintenant je me remets à l'œuvre en ouvrier courageux. Dieu aidant je ferai peut-être des ouvrages qui ne seront pas indignes des *Vierges* et des *Triboulets*.

BARRILLOT.

PERSONNAGES

—

MICAEL.	MM. Guichard.
BAMBOLI.	Demarsy.
LORENZETTO.	Mlles Mosé.
CATHARINA	Méa.
FLORIDETTA	Bertin.

L'action se passe à Rome, sous Léon X.

UN PORTRAIT DE MAITRE

L'atelier de Micaël. — Un grand tapis recouvre la scène, des tableaux et des ébauches sont suspendus au mur, un grand chevalet à droite du spectateur, un autre à gauche sur lequel on voit *la Vierge à la chaise* à l'état d'ébauche. — Portes latérales et porte au fond.

SCÈNE PREMIÈRE

MICAEL, CATHARINA.

(Micaël est occupé à peindre *la Vierge à la chaise*, Catharina pose dans le costume voulu.)

MICAEL, regardant sa toile.

Je ne suis pas content de cette Madonna...
Tu ne poses pas bien, belle Catharina.
Ton œil plein de désirs brille comme une étoile :
Il ne doit pas ainsi luire sur cette toile ;
Les yeux de la candeur n'ont pas cette clarté,
Et la flamme des tiens a trop de volupté !

CATHARINA.

Maître, je te regarde... et cela me rend fière.

MICAEL.

Folle !... je te comprends, baisse un peu la paupière...
Un peu moins que cela, Dieu !... que tu poses mal !

CATHARINA.

Ce que tu me fais faire est par trop machinal :
Demeurer immobile, ainsi qu'une momie,
Ce n'est pas amusant !

MICAEL.

Voyons, ma douce amie,
Fais-moi ce sacrifice, et pour l'amour de l'art
Compose, si tu peux, ton plus chaste regard !

CATHARINA.

L'art ne vaut pas l'amour ! O bizarres artistes !
Ils se ressemblent tous !... ils sont tous égoïstes
Et demandent toujours plus qu'on ne peut donner ;
A leur moindre caprice on doit se façonner !
On rit, il faut pleurer ! on pleure, il faut sourire !
On n'est qu'un automate animé qui soupire,
Affublé de velours ou vêtu de lambeaux :
On se croit femme.... on n'est qu'un sujet de tableaux.

MICAEL.

Le beau raisonnement !... Catharina, tu causes...

CATHARINA.

En femme raisonnable.

MICAEL, jetant ses pinceaux et se levant.
Aussi bien que tu poses !
Au diable les pinceaux !... je ne puis travailler.

CATHARINA.

Tu n'es pas inspiré.

MICAEL.

Tu l'es pour babiller
Et me rompre la tête.

CATHARINA.

Allons, c'est bien, courage,
Maître ! continuez, déchirez votre ouvrage !
Comme il n'est pas de ceux que l'on porte à l'encan,
Vu que déjà sa place est prête au Vatican,
La foule s'en ira, bénévole et pressée,
S'extasier devant une toile percée !...

MICAEL.

Elle raille à présent ! Je prendrai Zanetta,
Elle pose très-bien !

CATHARINA.

Et pourquoi pas Ritta?...
Elle pose encor mieux, elle est fort sérieuse,
Celle-là!.. je sais bien qu'elle est un peu boiteuse;
A cet accident près, il ne lui manque rien;
Pour une vierge assise, elle sera très-bien!

MICAEL.

Ta beauté passera, fille d'Ève la blonde!

CATHARINA.

Je le sais! et ce mot! le plus galant du monde,
Que vous me dites là, d'un accent solennel
Et d'un air si morose, est vieux comme le ciel!...
Voyons, méchant, veux-tu me faire encor la moue?
Vilain, dépêche-toi de baiser cette joue
Et les vierges du ciel, entre elles, rougiront
D'un baiser qui s'égare à quelques doigts du front.

MICAEL, la baisant au front.

Les flèches de l'amour partent de ta prunelle;
Si je peignais Vénus, combien tu serais belle!...

SCENE II

LES MÊMES, LORENZETTO.

MICAEL.

Voici Lorenzetto.

CATHARINA.

L'élève paresseux.

LORENZETTO.

Paresseux, très-souvent! oui... mais non pas de ceux
Qu'on voit en plein midi goûter le doux rien faire,
Accroupis sous les feux d'un soleil somnifère;
Je choisis, pour dormir, l'ombre d'un oranger,
Un gazon bien moelleux qu'agite un vent léger.

Le corps ainsi couché, l'esprit ouvre son aile,
Abandonne sa cage immobile et charnelle ;
Puis, avec les oiseaux qui prennent leur essor,
Il va de l'oranger picorer les fruits d'or,
Sautiller, frétiller ainsi qu'une mésange,
De la feuille à la fleur, de la fleur à l'orange,
Et, quand je me réveille, il revient parfumé
De toutes les senteurs du perchoir embaumé !

CATHARINA.

Bravo ! Lorenzetto ! laisse là ta palette
Et fais-nous des sonnets.

LORENZETTO.

    Moi ! devenir poëte ?
Enfiler des mots creux en me frappant le front !
Belle Catharina, vous me faites affront.

CATHARINA.

Chut ! si quelques rimeurs cachés allaient t'entendre.

LORENZETTO, à Micaël.

Maitre, c'est décidé, vous ne voulez pas vendre
Votre portrait ?

MICAEL.

    Non pas ! mais comment le sais-tu ?
Je n'en ai point parlé.

LORENZETTO.

Jamais ?

MICAEL.

    Non !

LORENZETTO.

    Tu, tu, tu !...
Voyez-vous, en flânant, on apprend mainte chose.
Ainsi, figurez-vous que, par métamorphose,
Ce tapis florentin soit un moelleux gazon,
Et ce vieux chevalet un arbre en floraison...
Le soleil me rôtit... c'est comme une fournaise !
Pour trouver la fraîcheur et me mettre à mon aise,

Je m'étends bravement au pied de l'oranger...
(Il se couche au pied du chevalet.)
J'ai l'air d'un marbre grec qu'on n'ose déranger.
L'oiseau s'immobilise à l'ombre d'une feuille,
Comme un vieux capucin qui prie et se recueille...
Le cardinal Pétrus, le seigneur Bamboli,
Son cousin...

MICAEL.

Je le sais!...

LORENZETTO.

Un homme très-poli!...
Bras dessus, bras dessous, et de long et de large,
Du livre du bon Dieu foulent en paix la marge...
Je les entends causer... patati, patata!...
De maître Léonard et de Floridetta.

MICAEL.

Un modèle nouveau?
(Signe affirmatif de Lorenzetto.)
Cette femme est très-belle?...

LORENZETTO.

Magnifique! splendide!... et très-spirituelle!

MICAEL.

Je ne l'ai jamais vue... et toi?

LORENZETTO.

Ni moi non plus.
Pétrus et Bamboli, pareils à deux reclus
Qui font dix pas devant et dix pas en arrière,
Passent auprès de moi... je ferme la paupière ;
Ils ne se gênent pas et parlent librement ;
Alors, j'entends ces mots :
(Il imite deux voix.)
— C'est curieux! vraiment!
— Micaël a grand tort. — Je le crois bien en somme!
J'offre pour son portrait une assez belle somme.
— Eh bien, si je voulais... — Eh bien? que feriez-vous?
— Un tour de ma façon, qui vous ravirait tous !
D'abord, j'irais trouver...

MICAEL.

Après?

LORENZETTO.

                Un souffle emporte
La conversation comme une feuille morte!
Après... un coup de vent passa dans les rameaux,
Et mon esprit suivit la bande des oiseaux!...

(Se levant brusquement.)

Ah! diable! je bavarde... et voilà que j'oublie...

(S'approchant de Micaël et lui parlant bas.)

Maître, une grande dame, on ne peut plus jolie,
M'a dit de vous remettre un billet de sa part.
Mais de Catharina je craindrais le regard.

CATHARINA.

Qu'a donc à chuchoter votre joyeux élève?

LORENZETTO.

Je ne chuchote pas... au contraire, je rêve
A ce gazon douillet... où l'on dort mollement.

MICAEL.

Catharina, tu peux changer de vêtement.

CATHARINA.

Nous ne travaillons plus, maître?

MICAEL.

                Non.

CATHARINA.

                A votre aise!
Nous laisserons sans yeux la madone à la chaise.

*(Pendant que Catharina se retire, Micaël parcourt la lettre que lui a donnée
Lorenzetto.)*

SCENE III

MICAEL, LORENZETTO.

MICAEL.

Cette femme est jolie?...

LORENZETTO.
Une perle d'amour!
MICAEL.
Ses yeux ont de l'éclat?...
LORENZETTO.
Autant que l'œil du jour?
MICAEL.
Et quelle est leur couleur?
LORENZETTO.
Le noir le plus funeste!...
Avec des cils arqués, réseau soyeux, modeste,
Qui posent des fils d'ombre à leur miroir obscur.
MICAEL.
Son profil est-il bien?
LORENZETTO.
C'est du grec le plus pur!
Puis une bouche en arc d'un rose...
MICAEL.
D'un beau rose?...
LORENZETTO.
On croit voir s'entr'ouvrir un frais bouton de rose
Quand elle sourit!
MICAEL.
Vrai?
LORENZETTO.
Comme je vous le dis;
Son front, beau de candeur, a la blancheur d'un lis.
Ajoutez à ses traits, à ses yeux en amande,
Les cheveux ondoyants d'une brune Allemande,
Vous aurez un portrait que je n'ai point flatté.
MICAEL.
Tu me ravis! C'est donc vraiment une beauté?
LORENZETTO.
Je n'exagère pas.
MICAEL.
Quelle heure est-il, dis?

LORENZETTO.

                                    Maître,
L'heure du rendez-vous est-elle dans la lettre?
A-t-on dit qu'on viendra chez le grand Micaël
Chercher l'amour ou bien un chef-d'œuvre immortel?...

MICAEL, souriant.

Va-t'en chez Léonard.

LORENZETTO.

          Que faudra-t-il lui dire?

MICAEL.

Tout ce que tu voudras.

LORENZETTO.

          Ah bien!... je me retire.
                    (Au moment de franchir le seuil.)
Pourrai-je revenir, maître, sans vous troubler,
Quand les amours seront tout près de s'envoler?...

MICAEL, souriant.

Intelligent lutin!... ne reviens pas trop vite.

SCENE IV

MICAEL, seul.

Le bonheur vient à moi, faut-il que je l'évite?
Dois-je de Michel-Ange avoir l'austérité
Pour marcher d'un pas sûr à l'immortalité?
Ne puis-je, quelquefois, me pencher vers la terre
Pour cueillir une fleur éclose et solitaire?
Je le puis, je le fais; et pourtant, chaque fleur
Que je cueille au matin, le soir, meurt sur mon cœur!
Oh! l'âme de l'artiste est un miroir étrange,
Où la femme, un instant, revêt la forme d'ange!
Le ciel est dans ses yeux et l'amour dans son cœur,
Nid où la volupté sourit à la pudeur;
Mais celle qui longtemps y veut mirer sa face,
Souffle sur le miroir, et l'image s'efface!...

O femmes! papillons sémillants et craintifs,
Ne venez pas mourir sous mes baisers furtifs...
Allez semer ailleurs la poudre de vos ailes.
Les vierges qu'il me faut doivent être immortelles!...
Oh! la source divine où l'on puise le beau!...
M'y pouvoir abreuver!... y voir un jour nouveau,
Qui m'éclaire et me guide!... Hélas! profond mystère.
La beauté s'est enfuie... elle a quitté la terre...
Où s'en est-elle allée?... en quel astre, ô mon Dieu,
Règne-t-elle à présent?... Oh! des ailes de feu,
Pour aller la chercher là-haut dans chaque étoile,
Afin de la contraindre à venir sur ma toile!

(Après une pause et avec enthousiasme.)

Oui!... pour créer un type idéal, éternel,
J'irai te dérober tes vierges dans ton ciel!
Je veux laisser un nom que partout on admire,
Et qui, plus éternel que Rome et que Palmyre,
Scnne de siècle en siècle et d'instants en instants
Comme une cloche d'or entre les mains du temps!...

(On frappe.)

J'entends des bruits de pas, qui donc frappe à ma porte?

(Il va ouvrir.)

Encor quelque importun ; que le diable l'emporte!...

SCENE V

MICAEL, FLORIDETTA.

FLORIDETTA, entrant.

Pardon, si j'ose ainsi...

MICAEL.

Madame. (A part.) Une beauté !

FLORIDETTA.

Ce procédé, seigneur, assez inusité
Doit vous sembler hardi, brusque, étrange, bizarre,
Pire peut-être? enfin, j'arrive de Ferrare,

Pour contempler de près l'illustre Minzio.
Voici quel est mon nom : Eléna Pezzio !

MICAEL.

La fille de ce prince aussi courtois que brave ?

FLORIDETTA.

Vous l'avez dit.

MICAEL.

Heureux qui sera votre esclave !

FLORIDETTA.

Mais à quoi bon parler et d'un titre et d'un rang ;
Que prouve tout cela ?... Seul, le génie est grand !

MICAEL.

Madame...

FLORIDETTA.

Écoutez-moi ?

MICAEL.

Parlez.

FLORIDETTA.

Dût ma franchise
Encourir votre blàme, il faut que je vous dise
Ce qui m'amène à Rome, auprès de vous... Il est...
Une femme...

MICAEL.

Une femme ?

FLORIDETTA.

Écoutez, s'il vous plaît.
Une femme, dit-on, assez jeune, assez belle,
Pour briller dans le monde où son haut rang l'appelle,
On le croit, et pourtant, esprit contemplatif,
Elle fuit le grand bruit comme un oiseau craintif.
Or, cette femme, un jour, du fond de sa retraite,
Entendit votre nom qu'en tous lieux on répète,
Son sommeil fut troublé par ce nom glorieux ;
De douces visions éblouirent ses yeux !
Elle vit vos chefs-d'œuvre, et puis voulut connaître
Le peintre créateur qui n'a que Dieu pour maître !

Cette femme vous aime ardemment, chastement !
Cette femme... c'est moi... Jugez-la maintenant.

MICAEL.

Si tous les jugements étaient aussi faciles,
Les rigueurs de la loi deviendraient inutiles ;
Au lieu de la prison, les pauvres condamnés
Recevraient un baiser et seraient pardonnés.

(Il veut l'embrasser. — Floridetta recule avec indignation.)

FLORIDETTA.

Maître ! que faites-vous ?...

MICAEL.

Eh ! mais je vous condamne
A faire le bonheur d'un artiste...

FLORIDETTA.

Profane !...
Oh ! je me suis trompée ! Illusion ! adieu !
Je ne vois plus qu'un homme où je voyais un Dieu ;
Je trouve la fumée où je voyais la flamme...

MICAEL, interdit.

Je ne vous comprends pas... Expliquez-vous, madame.
Ne m'avez-vous pas dit : Je vous aime ardemment ?

FLORIDETTA.

C'est vrai ! mais à ce mot j'ajoutais : Chastement !
Vous ne comprenez pas, ne voulez pas comprendre
Que d'un amour divin mon âme a pu s'éprendre ;
Que l'amour dont je parle est frère de la foi,
Que tout cœur généreux et pur le porte en soi ;
Qu'on peut aimer un homme, enfin, non pour lui-même,
Et venir, sans rougir, lui dire : Je vous aime !
O maître ! vous m'avez ouvert les yeux, merci !
Et maintenant, je n'ai plus rien à faire ici.

MICAEL, ému.

Non, madame, restez, je suis un misérable...
Je comprends mon erreur, elle est irréparable ;
Je vous ai méconnue... écrasez mon orgueil ;
Mais avant de franchir les degrés de mon seuil,

Où s'arrêta l'amour avec la renommée,
Avant de me quitter, ô sainte bien-aimée!...
Permetttez qu'à genoux j'implore mon pardon?

(Il s'agenouille aux pieds de Floridetta.

FLORIDETTA.

Micaël!...

SCENE VI

LES MÊMES, CATHARINA.

CATHARINA.

Il est bien dans ce mol abandon!

MICAEL, se relevant.

Qu'est-ce, Catharina ?

CATHARINA.

C'est vrai, je te dérange !
Je ne m'attendais pas à te voir près d'un ange.
C'est ainsi que toujours vous nous qualifiez,
Quand, humbles et soumis, vous rampez à nos pieds.

FLORIDETTA.

Madame est votre sœur?

CATHARINA.

Madame est un modèle?

MICAEL.

De vertu !...

CATHARINA, souriant.

Je comprends... vous posiez devant elle!

FLORIDETTA.

Suis-je chez Micaël ou chez Catharina !

MICAEL.

Non, vous êtes chez moi! chez moi, noble Éléna!

FLORIDETTA.

En ce cas, vous pouvez me montrer...

CATHARINA, à part.

La couleuvre !...

MICAEL.

Quoi ?...

FLORIDETTA, lui montrant la porte de gauche.

Mais votre salon, tout peuplé de chefs-d'œuvre.

(Micaël radieux prend la main de Floridetta et la conduit dans le salon de
gauche. — Catharina immobile et muette les regarde sortir avec des yeux
pleins de colère. — Au même instant Lorenzetto entr'ouvre la porte et
regarde de droite à gauche.

SCENE VII

CATHARINA, LORENZETTO.

CATHARINA.

Pour le coup, c'est trop fort ! voilà de la candeur
Ou de l'effronterie !... ils me brisent le cœur !

LORENZETTO.

Bon ! le nid des amours est complétement vide,
Je puis entrer.

CATHARINA.

Aimer ! que ce mot est stupide.

LORENZETTO.

Ce n'est pas mon avis, belle Catharina ;
L'amour est le meilleur esprit que Dieu donna
Aux hommes.

CATHARINA.

C'est toi ?...

LORENZETTO.

Mais, ce n'est pas mon sosie !
A moins que cependant, par quelque fantaisie,
Le diable ait pris ma peau, ce serait différent ;
Ce dont je doute, ayant pour patron saint Laurent.
Mais vous avez pleuré ?...

2.

CATHARINA.

         Oui, les pleurs ont leurs charmes.

LORENZETTO, en extase.

Le maître, en vous voyant, ferait la vierge aux larmes !

CATHARINA.

Tu crois, Lorenzetto ?

LORENZETTO.

         Vous êtes belle ainsi !
Oh ! je voudrais pouvoir vous dessiner aussi !

CATHARINA.

Lorenzetto, je souffre ! on le voit, car je pleure !...
Sais-tu pourquoi ?

LORENZETTO.

     Non, non !

CATHARINA.

         C'est qu'ici, tout à l'heure,
Une femme est venue... elle veut m'emporter
Mon bien ! mon seul trésor !...

LORENZETTO.

         Qu'on la fasse arrêter,
Si c'est une voleuse.

CATHARINA.

       Oh ! pauvre tête folle !
Nul ne peut arrêter l'amour, quand il s'envole !

LORENZETTO.

Ah ! je crois vous comprendre : — Oui, maître Minzio
Court après un amour, comme après un oiseau ;
Mais le merle, en fuyant, siffle en battant des ailes
Une canzonetta sur des notes nouvelles.

CATHARINA.

Va, tu n'es qu'un enfant, deviens plus sérieux...
Je te dis que je souffre et tu ris.

LORENZETTO.

         Par les dieux !...
Un enfant ! un enfant ! prenez-y garde...

CATHARINA.
                              En somme
Tu ne vaux guère mieux !
                    LORENZETTO.
                    Corbleu ! je suis un homme !
Un homme ! entendez-vous ! le duvet que voici
Me présage une barbe assez bien, Dieu merci !
              CATHARINA, lui passant la main sous le menton.
Voyons.
                    LORENZETTO, frémissant.
            Catharina ! vos doigts ont de la flamme
Comme ceux d'un démon qui veut saisir une âme !
                    CATHARINA.
Lorenzetto...
                    LORENZETTO.
            Plaît-il ?
                    CATHARINA.
                    Micaël me trahit
D'une manière indigne !
                    LORENZETTO.
                    Ah ! bah ! qu'avez-vous dit ?
                    CATHARINA.
Et si tu veux du ciel gagner les indulgences,
Il faut, mon Lorenzo, m'aider dans mes vengeances.
                    LORENZETTO.
Comment ?... vous prononcez vengeance au pluriel ?
                    CATHARINA.
Elles feront grand bruit dans Rome et dans Florence,
Si tu m'aides.
                    LORENZETTO.
            Merci de votre préférence.
                    CATHARINA.
Il veut monter trop haut ; je saurai l'entraver.
                  (On frappe à la porte.)
On frappe, vas ouvrir et reviens me trouver.
                  (Elle sort par la porte de droite.)

SCENE VIII

LORENZETTO, BAMBOLI.

BAMBOLI, mise grotesque.

Bonjour, bambinetto !

LORENZETTO, gravement.

Seigneur, je suis un homme.

BAMBOLI.

A ton petit minois barbu comme une pomme,
On ne le dirait pas !

LORENZETTO.

Mais le fait est réel.

BAMBOLI.

Je désire parler à maître Micaël...
Dépêchons ! ou sinon je fais tomber ma canne...

LORENZETTO.

Et sur qui, s'il vous plaît?...

BAMBOLI.

Sur la croupe d'un âne...
Ou sur ton dos, bambin.

LORENZETTO.

Non, ne vous privez pas
D'une troisième jambe utile à tous vos pas ;
Vos genoux s'en plaindraient.

BAMBOLI, levant sa canne.

Je crois que tu me railles.
Je vais te renvoyer barbouiller tes murailles !

SCENE IX

LES MÊMES, MICAEL.

MICAEL.

Qu'est-ce donc ?

LORENZETTO.

Monseigneur me parlait poliment...
Il levait son bâton pour clore l'argument.
C'est à vous qu'il en veut, arrangez-vous ensemble.

(Il sort par la droite.)

SCENE X

BAMBOLI, MICAEL.

BAMBOLI.

Voilà comme je suis, maître, que vous en semble ?

MICAEL.

Mais...

BAMBOLI, à part.

Il est interdit, on ne m'a pas trompé,
Élène est avec lui. (Haut.) Vous étiez occupé,
Maître, à quelque chef-d'œuvre ? Hélas ! je vous dérange,
Mais vous n'y perdrez rien.

MICAEL, à part.

Le bonhomme est étrange !

BAMBOLI.

Je viens vous commander un beau portrait... le mien.
Je suis très-difficile et voudrais qu'il fût bien ;
Je ne fais pas de prix, n'étant point un avare ;
L'or ne saurait payer un génie aussi rare
Que le vôtre ; mes traits, du reste, ont quelques droits
A se voir copier par vos pinceaux adroits ;
Je dis adroits pinceaux, pour dire main habile.
Or... mettons-nous à l'œuvre... il vous sera facile...

MICAEL.

Pour le moment, seigneur, je peins au Vatican,
Il m'est donc impossible...

BAMBOLI.

Allons donc, depuis quand
Refusez-vous de faire un portrait de famille?
Vous avez mainte fois fait semblable vétille.

Eh! ma tête, après tout, illustre Minzio,
Est celle de l'orfévre Artus Polénio.
Pareille occasion n'a rien qui vous effraie,
Et mon argent n'est pas de la fausse monnaie.

MICAEL.

Je ne vous dis pas non.

BAMBOLI.

Eh bien!

MICAEL.

Allez ailleurs
Pour votre beau portrait chercher des barbouilleurs!
Ils vous réussiront, certes, de main de maître.
Donnez-leur de l'argent, ils vous feront connaître,
Moi je ne le puis pas.

BAMBOLI.

Allons donc! vous riez!
Si mes traits par les ans sont trop avariés
Et s'il manque par trop de cheveux à ma nuque,
Je puis mettre au besoin une blonde perruque
Dont les poils bien peignés sauront me rajeunir.
Plus on touche à sa fin, et moins on veut finir;
Tous les vieux sont ainsi : chacun a la manie
De vouloir reverdir au souffle du génie.

MICAEL.

Inutiles efforts; le temps passe...

BAMBOLI.

Chansons!
Le temps est immobile et c'est nous qui passons;
Or donc, mon nom dans Rome avec grand bruit résonne.
Le poëte Alzoni m'a fait une canzonne
En petits vers hachés menu, menu, menu...

MICAEL.

Un faiseur de sonnets dont le vers un peu nu...
Ce n'est pas étonnant... il est de ces poëtes
Qui tournent à tout vent comme les girouettes;
L'argent les fait chanter pour les premiers venus;
Un cantique à la vierge, un poëme à Vénus,

Il leur importe peu, pourvu que leur guimbarde
Fredonne sur les dents de leur muse criarde:
Ce sont de grands braillards, des faufileurs de mots
Qui, pareils aux mulets, font tinter des grelots...
De ces vers bien taillés je ne suis pas avide;
Cela sonne trop clair, cela chante le vide.

BAMBOLI.

Les peintres, entre nous...

MICAEL.

        Seigneur, respect aux arts !
Un tel raisonnement ne sied pas aux vieillards.

BAMBOLI.

C'est une grave erreur, ils ont l'expérience
Qui leur prouve que l'art ne vaut pas la science.

MICAEL.

La science?... allons donc!... la science des vieux
Est comme leur cerveau : c'est épais et c'est creux.

BAMBOLI.

Ce que vous dites là, c'est très-mal, c'est impie.

MICAEL, fausse sortie.

Tenez, vous caquetez comme une vieille pie!...

BAMBOLI.

Mieux vaut peindre une femme adorable en tout point.

MICAEL, revenant et à part.

Mais ce vieil idiot n'en finira donc point.

BAMBOLI.

Une femme charmante, une femme bien née,
Ayant les cheveux bruns, la lèvre carminée,
Un œil noir paraissant dire : Pour vous je meurs!
Et qui vous rendrait noirs les vers de cent rimeurs.
Telle est votre réponse, ainsi je la commente,
De la femme qui pose on se fait une amante,
Maîtresse passagère... et puis... et puis on rit
De la femme crédule et du pauvre mari !

MICAEL.

Ce que vous dites là, seigneur, ne peut m'atteindre.

BAMBOLI.

Je vois que vous avez l'art de peindre et de feindre;
Donc, je vais m'expliquer : maître, vous avez fait
Le portrait de ma femme; il doit être parfait.
Qui dirait autrement mériterait les verges.

MICAEL.

Pardon, vous vous trompez, je ne peins que les vierges.

BAMBOLI.

Mais ma femme, monsieur...

MICAEL, avec impatience.

Voyons, expliquez-vous...

BAMBOLI.

Quand elle vous câline et vous fait les yeux doux,
C'est que la trahison trotte dans sa cervelle.
Ce que je vous dis là n'est pas une nouvelle,
Mais tout arrive à point pour mon raisonnement.
Or, ma femme est chez vous! vous êtes son amant!
Et, bien que vous soyez un de nos grands artistes,
Comme les maris sont et seront égoïstes,
Que ce soit par amour ou bien par vanité,
D'être trompé par vous je ne suis pas flatté.
Ma femme! je la veux!

MICAEL.

Dérision amère;
J'irais quêter l'amour au cœur d'une grand'mère.

BAMBOLI.

Ma femme! une grand'mère! avec des cheveux longs
Dont les noirs écheveaux tombent à ses talons?...
Ma femme, une grand'mère, avec un teint de rose
Et sa vingtième année encore à peine éclose?
Vous me tendez un piége, il se voit, croyez-m'en;
Vous savez qu'à vingt ans on n'est pas grand'maman.
Or, n'étant pas de ceux qu'aisément on abuse,
Je ne prends pas le change et connais votre ruse.

MICAEL.

Vraiment? Vous m'étonnez!

BAMBOLI.
J'étonne quand je veux

MICAEL.
A de longs cheveux noirs mêler vos blancs cheveux !...

BAMBOLI.
Très-blancs et clair-semés ; le fait est donc bien rare ?
Cela se voit partout, à Milan, à Ferrare,
A Pise, à Rome ; bref ! quand l'amour prend les vieux,
Il les prend par le cœur, et non par les cheveux !
Je conclus...

MICAEL.
Il est temps.

BAMBOLI.
Évitons le tapage.
D'un livre scandaleux déchirons chaque page,
Afin que le lecteur curieux, empressé,
Cherche inutilement le chapitre effacé.
Vous êtes honnête homme, et je crois, dans mon âme,
Que vous ne pensiez pas me dérober ma femme...

MICAEL.
Çà ! quand finirez-vous ?... et comment se fait-il ?...
(Avec impatience.)
Tenez ! le médecin qui vous coupa le fil
Gagna bien sa journée ! On voit que votre langue
N'est pas encore usée. (A part et s'en allant.) Achève ta harangue
A ces tableaux muets. (Haut.) Au revoir ! monseigneur ;
Tâchez, une autre fois, d'être un peu moins parleur.

(Il sort par la gauche et regarde Bamboli en riant. Catharina entre
par la droite et court à Bamboli.)

SCENE XI

BAMBOLI, CATHARINA.

CATHARINA.
Seigneur !...

BAMBOLI, se retournant.

Plait-il, madame?...

CATHARINA.

Allez chercher main-forte ;
Votre femme est ici... Je veille à cette porte,
On ne sortira pas.

BAMBOLI, à part.

Mais il faudra pourtant
Qu'elle sorte ! (Haut.) Je cours! (A part.) Mais reviens à l'instant.

(Il sort précipitamment.)

SCÈNE XII

CATHARINA, seule.

Martyr du mariage, oui, va, fais diligence,
Tu seras l'instrument, vieillard, de ma vengeance !
Enfin, dans un moment, tout sera dévoilé!...
(Allant à la porte et la fermant à double tour.)
D'abord, soyons prudente, et fermons bien à clé.
Les voici, laissons-les!

(Elle sort par la droite.)

SCÈNE XIII

MICAEL, FLORIDETTA.

MICAEL.

Déjà fuir ma demeure !
Ne pouvez-vous encor me donner un quart d'heure?
Il passera si vite, Elène, auprès de vous !

FLORIDETTA.

Je pars en emportant des souvenirs bien doux.
Vos vierges me suivront, et leur chaste attitude,
En souvenir, viendra charmer ma solitude.

MICAEL.

A de pâles tableaux c'est faire trop d'honneur,
Ils sont auprès de vous sans vie et sans couleur ;
Pour en voir un plus beau, regardez-vous vous-même.

FLORIDETTA, soupirant.

A quoi bon me flatter ?

MICAEL.

J'ai commis un blasphème.
Oui, j'ai nié l'amour, non cet amour banal,
Non ce brutal désir, mais l'amour idéal !...
J'ai nié la beauté, non la beauté vulgaire
Qui flatte nos regards et que l'on n'aime guère,
Mais la chaste beauté, pure comme le feu,
Beauté qui sanctifie et vous rappelle Dieu !
Chaste amour ! beauté pure ! oh ! douleur qui m'excède,
Je vous cherchais aux cieux ! Eléna vous possède !...

FLORIDETTA.

Ne vous abusez pas, l'enthousiasme est prompt.
La candeur quelquefois porte une tache au front,
Car, en venant chez vous, je mets en évidence
Mon manque de vertu, mon manque de prudence.
Et que dira mon père et toute sa maison ?...

MICAEL.

Ils vous pardonneront !

FLORIDETTA.

Ils n'auront pas raison.

MICAEL.

La fange n'atteint pas la neige immaculée
Du mont qui perd son front sous la voûte étoilée.

FLORIDETTA.

Mon front n'est point si haut ; non, mais pur est mon cœur.

MICAEL.

Et sa pureté brille en vos yeux, chaste sœur !

FLORIDETTA.

Avant de vous quitter, je désirerais, maître,

Acquérir un tableau fait par vous; mais peut-être
Ne les vendez-vous pas? Je n'en souhaite qu'un.

MICAEL.

Oui, madame, c'est vrai, je ne veux vendre aucun
Des tableaux qui sont là; mais si quelque madone
Vous plaît, elle est à vous; prenez, je vous la donne.

FLORIDETTA.

Non... c'est votre portrait que je désire avoir.

MICAEL.

Mon portrait?

FLORIDETTA.

　　　　Que l'artiste est prompt à s'émouvoir,
Je vous parais toujours bizarre, singulière;
Mais je vais m'expliquer de toute autre manière,
J'aime votre génie et ne vous aime pas!
Mon amour n'admettant nul lien d'ici-bas
Veut avoir une image immobile et muette,
Que ma pensée anime, où le ciel se reflète,
Afin que sans rougir, et sous l'œil paternel,
Je puisse voir, aimer chastement Micaël.

MICAEL.

Prenez, il est à vous!

FLORIDETTA.

　　　　Je n'ose pas y croire!
Ce chef-d'œuvre est à moi?

MICAEL.

　　　　Si mes talents, ma gloire,
Pouvaient avoir pour vous, pour vous quelques attraits,
Humblement à vos pieds je les déposerais!...

(Floridetta baisse les yeux et prend une attitude angélique; Micaël inspiré la regarde, saisit des pinceaux et achève les yeux de la *Vierge à la chaise*.)

FLORIDETTA.

De semblables trésors aux pieds d'une mortelle?...
Un saphir, un brillant, un chiffon de dentelle,
Cela se concevrait!... mais donner à la fois
Deux joyaux que n'ont pas les princes et les rois;

Pour eux, Sémiramis, Zénobie elle-même,
Eussent donné, je crois, empire et diadème !
MICAEL.
Madame, croyez-m'en, ils sont moins précieux
Que le chaste rayon qui jaillit dans vos yeux !
(Regardant sa toile.)
Oh ! mais je t'ai saisie, angélique lumière,
Pour en nourrir mon cœur pendant ma vie entière.
(On frappe à la porte, il va ouvrir.
Quoi ! la porte est fermée !...

SCENE XIV

LES MÊMES, LORENZETTO, CATHARINA.

CATHARINA, lui donnant la clef.
Oui, vous pouvez ouvrir !
(A part.)
Voici Polénio, tout va se découvrir !
LORENZETTO, entrant précipitamment.
Madame, cachez-vous, un malheur vous menace,
Cachez-vous promptement !
FLORIDETTA.
Et pourquoi donc ?
LORENZETTO.
De grâce,
Madame, hâtez-vous, fuyez, au nom du ciel !
Oh ! vous allez vous perdre et perdre Micaël !...
MICAEL, prenant Floridetta par la main, l'entraînant dans le salon à droite.
Ici, dans mon salon.
FLORIDETTA.
Vraiment j'en suis tremblante !...
MICAEL, menaçant.
Et malheur à celui dont la langue imprudente !...
(Il fait entrer Floridetta.)
3.

SCENE XV

MICAEL, LORENZETTO, CATHARINA.

LORENZETTO.
Maître ! ce ne sera pas moi, j'en suis certain.

CATHARINA.
Tu n'es qu'un maladroit ! qu'un élève mutin !
Malheur ! si tu me fais échapper ma vengeance !

LORENZETTO.
Bon ! pris entre deux feux !... Faites donc diligence
Pour protéger l'amour qu'un mari va troubler !

MICAEL.
Ça, que se passe-t-il ?

CATHARINA, se parlant.
       Je les veux accabler
De haine, de mépris...

MICAEL, à Lorenzetto.
       A peine tu respires.

LORENZETTO, essoufflé.
Le vieux Polénio vient avec trente sbires
Chercher sa femme.

MICAEL.
       Eh quoi ! ce vieillard hébété
Ce serait le mari de...

LORENZETTO.
       C'est la vérité.

MICAEL.
Tu mens ! Lorenzetto.

LORENZETTO.
       C'est la vérité pure.

MICAEL.
Se peut-il ?...

CATHARINA.

Minzio, tu changes de figure !

MICAEL.

Ce front beau de candeur, mon Dieu ! m'aurait trompé ?

CATHARINA.

Élène est une fourbe ; elle vous a dupé !...

SCENE XVI

LES MÊMES, BAMBOLI.

BAMBOLI, venant à Micaël avec une démarche magistrale.

Maître, vous plairait-il de me rendre ma femme ?
  (A Catharina.)
Elle est toujours ici, n'est-il pas vrai, madame ?

LORENZETTO, broyant des couleurs.

Nous ne l'avons pas vue.

BAMBOLI.

On ne vous parle pas,
Essuyeur de pinceaux... Allez à tour de bras
Mêler au vermillon le carmin et le chrome,
Pour nous montrer un jour vos chefs-d'œuvre dans Rome.
  (A Micaël.)
Vous plairait-il, seigneur, de me rendre Juana,
La femme à qui mon cœur tendrement se donna ?

MICAEL.

Je ne la connais pas. Vous me faites un conte !

BAMBOLI

Voyons, rendez-la moi ! la colère me monte !...
Je vous parais cassé ; mais robuste barbon,
Je pourrais vous montrer que je ne suis pas bon.
Pour la dernière fois !... rendez-la moi sur l'heure,
Sinon, sbires, archers vont, de votre demeure,
Revirer les tableaux et vous la mettre à sac,
Comme celle d'un vieux marchand de bric-à-brac !

MICAEL.

J'ai souffert trop longtemps chez moi votre présence,
Et vous allez sortir !

BAMBOLI.

     Non pas ! ma complaisance
Ne va pas jusque-là ; vous ririez de pitié.
Je ne m'en irai pas sans ma chère moitié.
Je sais qu'elle est ici... vous allez me la rendre,
Sinon, bon gré, mal gré, je vais vous la reprendre ;
Car votre barbe brune, ainsi que vos talents,
N'ont pas les droits acquis par ces vieux cheveux blancs.

MICAEL.

O vieillard obstiné !

BAMBOLI.

    Je le suis et m'en flatte !

CATHARINA.

Enfin, ma jalousie est au comble et j'éclate !...
Micaël, c'est mentir trop longtemps !...

MICAEL.

       Que dis-tu ?

CATHARINA.

Je vous dis que mon front tout à l'heure abattu
Par votre froid dédain, plein d'orgueil se redresse !
Que je veux vous braver, vous et votre maîtresse.
Vous ne raillerez pas plus longtemps mon amour ;
Je veux vous démasquer, sans scrupule, au grand jour.
Ah ! vous avez pensé que moi, femme docile,
Je jouerais, pour vous plaire, un rôle d'imbécile ?
C'est une erreur ! il faut terminer tout ceci ;
Seigneur Polénio, votre femme est ici.

BAMBOLI, s'avançant vers Micaël.

Quand je vous le disais !... J'ai prié ; je menace.
Vous ne l'ignorez pas, la vieillesse est tenace...
Je veux ma femme !

MICAEL.

    Allez au diable la chercher !
Qu'il vous la rende !

CATHARINA, désignant le salon.

Elle est dans la chambre à coucher.

BAMBOLI, au comble de la jalousie la plus comique.

s la chambre à coucher! Ah! la fureur m'emporte!

MICAEL, le retenant.

s ne passerez pas!

BAMBOLI, levant sa canne.

Je vais forcer la porte.

LORENZETTO, le retenant.

s ne passerez pas!

MICAEL, se plaçant devant la porte et tirant son stylet.

Arrière! s'il vous plaît.

BAMBOLI, reculant.

tenant, le voleur me montre son stylet!
'avoir qu'un bâton pour unique défense!
qui me vengera d'une pareille offense?

CATHARINA.

je dirai partout et l'outrage et l'affront
le grand Micaël imprime à votre front.

BAMBOLI.

i! L'un prend ma femme, et l'autre, en son mécompte,
, à coups de gosier, faire sonner ma honte!...
les sbires. A moi!

LORENZETTO.

Vous êtes prisonnier.

MICAEL.

ce vieillard est fou!

LORENZETTO.

Qui songe à le nier?

BAMBOLI, au comble de la fureur.

gosier d'enfer!... le diable aura ton âme,
ne vaut pas grand'chose; et moi j'aurai ma femme,
ne vaut guère mieux, à parler franchement;
je l'arracherai des bras de son amant!...
rez-vous enfin? quand ma voix vous exhorte.

MICAEL.

Cesserez-vous bientôt de crier de la sorte?...

LORENZETTO.

Vous n'êtes pas chez vous, allez hurler ailleurs!

CATHARINA.

Ceux que l'on vole ont droit de crier au voleur!

SCENE XVII

LES MÊMES, FLORIDETTA.

BAMBOLI.

Enfin la porte s'ouvre!

MICAEL.

Elle vient! quelle audace!

FLORIDETTA, tenant le portrait de Micaël.

Pourquoi donc tout ce bruit? pourquoi cette menace?
A qui donc en veut-on? quelqu'un a-t-il des droits
Sur la princesse Élène? Il peut à haute voix
Le dire à l'instant même.

MICAEL.

Il paraîtrait, madame,
Que cet homme en aurait...

BAMBOLI.

Non, ce n'est pas ma femme;
Ce chef-d'œuvre est à vous, madame? en vérité,
Vous avez un trésor, et s'il vous a coûté
Le prix qu'il vaut...

MICAEL, galamment.

L'argent ne fait rien dans l'affaire,
Je donne à qui me plaît une œuvre qui sait plaire.

BAMBOLI.

Quoi! vous avez donné?...

MICAEL.

Qu'est-il donc d'étonnant?...

BAMBOLI, *arrachant sa perruque pelée et sa barbe blanche.*

Rien !... mais je puis changer de masque maintenant.

MICAEL, *étonné.*

Le seigneur Bamboli ?... quoi !...

BAMBOLI.

Vous allez comprendre.

Vous avez refusé dernièrement de vendre
Au cardinal Pétrus Casanovaterri
Votre portrait ?

MICAEL.

C'est vrai !

BAMBOLI.

Moi, j'ai fait le pari
Que je l'aurais pour rien ! J'ai gagné ma gageure.

MICAEL.

Que me dites-vous là ?...

BAMBOLI.

Rien de faux, je vous jure !

Seulement, j'ai voulu, pour en rire avec vous,
Jouer Polénio, cet orfévre jaloux.
Et grâce à la princesse Élèna, mon amante,
J'ai le portrait pour rien !

MICAEL, *à Floridetta.*

Bien joué, ma charmante !

FLORIDETTA.

Pour rien ! pas tout à fait, j'ai posé pour les yeux
De la *Vierge à la chaise.*

MICAEL, *souriant.*

Et Micaël, c'est mieux,

A posé pour l'amour idéal !

BAMBOLI.

Triste chose !

MICAEL.

En ce monde chacun ne choisit pas sa pose.
   (*A Floridetta.*)
Inutile de dire...

FLORIDETTA, riant.
Où l'amour s'arrête !

MICAEL.
Que la princesse Élène est la Floridetta.

FLORIDETTA.
Oui, la Floridetta, c'est ainsi qu'on me nomme.

LORENZETTO, faisant le geste de la gourmandise.
Est-elle assez jolie !... Hum ! si j'étais un homme !

BAMBOLI.
Maître, soyez certain que vous ne perdrez rien !

MICAEL.
N'en parlons plus, seigneur !

BAMBOLI.
Si, je vous veux du bien !

MICAEL, bas à Floridetta.
Je n'ai pas achevé les yeux de la madone.

FLORIDETTA.
Dois-je poser encore ?...

MICAEL.
Oui, si vous êtes bonne...
Reviendrez-vous ?...

FLORIDETTA, hésitant, puis montrant Bamboli.
Oui, mais... le seigneur Bamboli !...

MICAEL.
Trompons qui m'a trompé, ce sera plus joli.
(Pendant que Micaël s'approche de l'avant-scène, Bamboli offre son bras
à Floridetta et ils se dirigent lentement vers la porte du fond.)

MICAEL, avec amertume.
Pauvres illusions ! vous voilà bien noyées !
Et l'art lui-même, l'art...

LORENZETTO.
Les couleurs sont broyées.

MICAEL, continuant.
C'est le consolateur, doux, fidèle, éloquent !...
Donne-moi mes pinceaux ! allons au Vatican !

FIN

www.ingramcontent.com/pod-product-compliance
Ingram Content Group UK Ltd.
Pitfield, Milton Keynes, MK11 3LW, UK
UKHW031741170726
13836UKWH00002B/799